LA REVOLUTION DE L'IA

COMMENT L'INTELLIGENCE ARTIFICIELLE TRANSFORME NOTRE MONDE

KOUADIO KONAN JOEL

CONTENTS

ÉPIGRAPHE

"L'intelligence artificielle est la dernière invention que l'humanité aura besoin de faire."
— Nick Bostrom

Cette citation de Nick Bostrom, philosophe et expert en intelligence artificielle, capture l'essence et l'importance de l'IA dans notre époque contemporaine. L'IA représente non seulement une avancée technologique majeure, mais aussi un pivot potentiel vers un futur où les possibilités sont infinies. À travers ce livre, nous explorerons comment cette "dernière invention" façonne et transforme notre monde, ouvrant la voie à une nouvelle ère de progrès et de défis.

AVANT-PROPOS

Bienvenue dans "La Révolution de l'IA : Comment l'Intelligence Artificielle Transforme Notre Monde". Ce livre explore l'une des avancées technologiques les plus passionnantes et les plus transformatrices de notre époque : l'intelligence artificielle (IA). Au cours des dernières décennies, l'IA est passée de la science-fiction à une réalité omniprésente qui redéfinit presque tous les aspects de notre vie.

Depuis la simple automatisation des tâches de routine jusqu'aux innovations révolutionnaires dans la médecine, l'éducation, les transports et bien plus encore, l'IA a le potentiel de transformer la société de manière profonde et durable. Ce livre est une tentative de capturer cette transformation en cours, de comprendre ses implications et de discuter des opportunités et des défis qu'elle présente.

En tant que passionné de technologie et observateur des tendances émergentes, j'ai eu le privilège de voir l'IA évoluer et s'intégrer dans notre quotidien. Cette révolution technologique a suscité autant d'enthousiasme que de préoccupations. Alors que certains saluent l'IA comme le moteur d'une nouvelle ère de progrès et de prospérité, d'autres s'inquiètent de ses impacts sur l'emploi, la vie privée et l'éthique.

Mon objectif avec ce livre est double. Tout d'abord, je souhaite démystifier l'IA en expliquant ses concepts fondamentaux, ses applications actuelles et ses potentialités futures de manière accessible à tous. Ensuite, je veux provoquer une réflexion critique sur les implications sociales, économiques et éthiques de l'IA. En comprenant mieux ces enjeux, nous pouvons mieux nous préparer à tirer parti des avantages de l'IA tout en atténuant ses risques.

"La Révolution de l'IA" est divisé en plusieurs chapitres qui couvrent une gamme de sujets pertinents, de l'histoire et des principes de base de l'IA aux applications spécifiques dans divers secteurs, en passant par les questions éthiques et réglementaires. Chaque chapitre est conçu pour être à la fois informatif et stimulant, encourageant les lecteurs à réfléchir aux multiples facettes de cette technologie en pleine évolution.

L'IA ne cesse de progresser à un rythme effréné, et ses impacts sont de plus en plus visibles dans notre vie quotidienne. En lisant ce livre, j'espère que vous gagnerez une meilleure compréhension de cette force motrice et que vous serez inspiré à participer à la conversation sur l'avenir de l'IA.

Merci de vous joindre à moi dans cette exploration de l'intelligence artificielle et de ses nombreuses ramifications. Que vous soyez un novice curieux ou un expert en technologie, j'espère que vous trouverez dans ces pages des informations précieuses et des perspectives nouvelles.

Avec gratitude,

LA REVOLUTION DE L'IA : COMMENT L'INTELLIGENCE ARTIFICIELLE TRANSFORME NOTRE MONDE

INTRODUCTION

L'intelligence artificielle (IA) est devenue une force motrice du changement dans notre société moderne. Des voitures autonomes aux assistants vocaux, en passant par la médecine personnalisée et l'automatisation industrielle, l'IA transforme chaque aspect de notre vie quotidienne. Ce livre explore les impacts de l'IA, les opportunités qu'elle présente et les défis qu'elle pose. Nous examinerons comment l'IA modifie les industries, améliore la qualité de vie et soulève des questions éthiques et sociales.

Partie 1 : L'ia Dans La Vie Quotidienne

Chapitre 1 : Assistants Vocaux Et Domotique

1.1 L'Émergence des Assistants Vocaux

- Historique et développement des assistants vocaux (Siri, Alexa, Google Assistant)
- Fonctionnalités et usages courants

1.2 La Domotique et les Maisons Intelligentes

- Intégration de l'IA dans les appareils domestiques (thermostats, éclairage, sécurité)
- Avantages de la domotique pour le confort et l'efficacité énergétique

1.3 Défis et Considérations de Sécurité

- Problèmes de confidentialité et de sécurité
- Mesures pour protéger les données des utilisateurs

Chapitre 2 : Transports Et Mobilité

2.1 Les Véhicules Autonomes

- Technologies derrière les voitures autonomes
- Avantages potentiels (réduction des accidents, efficacité des transports)

2.2 L'IA dans les Transports Publics

- Optimisation des itinéraires et des horaires
- Amélioration de l'expérience utilisateur

2.3 Réglementation et Défis Éthiques

- Cadres législatifs et réglementations
- Problèmes éthiques et responsabilité en cas

d'accident

Chapitre 3 : Santé Et Médecine

3.1 Diagnostics et Traitements Personnalisés

- Utilisation de l'IA pour diagnostiquer les maladies
- Médecine personnalisée et traitements sur mesure

3.2 IA et Recherche Médicale

- Accélération de la recherche grâce à l'IA
- Découvertes de nouveaux médicaments

3.3 Implications Éthiques et Confidentialité des Données

- Protection des données de santé
- Considérations éthiques dans les diagnostics automatisés

Chapitre 4 : Éducation Et Apprentissage

4.1 Personnalisation de l'Apprentissage

- Systèmes d'apprentissage adaptatif

- Avantages de la personnalisation pour les étudiants

4.2 IA dans l'Administration Éducative
- Automatisation des tâches administratives
- Optimisation des ressources éducatives

4.3 Enjeux de l'Éducation à l'IA
- Former les enseignants et les étudiants à l'IA
- Intégration de l'IA dans les programmes éducatifs

Partie 2 : L'ia Et Les Industries

Chapitre 5 : Fabrication Et Production

5.1 Automatisation Industrielle
- Robots et machines intelligentes
- Amélioration de l'efficacité et de la précision

5.2 Maintenance Prédictive
- Utilisation de l'IA pour prévoir les pannes et les besoins de maintenance
- Réduction des temps d'arrêt et des coûts de

maintenance

5.3 Impact sur l'Emploi et les Compétences
- Transformation des emplois industriels
- Nouvelles compétences requises pour travailler avec l'IA

Chapitre 6 : Services Financiers

6.1 Analyse Prédictive et Gestion des Risques
- Utilisation de l'IA pour analyser les marchés financiers
- Amélioration de la gestion des risques

6.2 Automatisation des Services Bancaires
- Chatbots et assistants virtuels pour les clients
- Automatisation des processus bancaires internes

6.3 Problèmes de Sécurité et Fraude
- Détection et prévention des fraudes
- Sécurité des données financières

Chapitre 7 : Commerce Et Marketing

7.1 Personnalisation de l'Expérience Client

- Analyse des données pour personnaliser les offres

- Amélioration de la satisfaction et de la fidélité des clients

7.2 Automatisation du Marketing

- Campagnes marketing automatisées et ciblées

- Analyse de l'efficacité des campagnes

7.3 Éthique du Marketing basé sur l'IA

- Considérations éthiques dans l'utilisation des données clients

- Réglementations sur la vie privée et la protection des données

Chapitre 8 : Agriculture Et Environnement

8.1 Agriculture de Précision

- Utilisation de l'IA pour optimiser les rendements agricoles

- Surveillance et gestion des cultures

8.2 Gestion des Ressources Naturelles

- IA pour la gestion de l'eau et des ressources énergétiques
- Réduction de l'impact environnemental

8.3 IA et Protection de l'Environnement

- Surveillance et prévention des catastrophes naturelles
- Projets de conservation et de protection de la biodiversité

Partie 3 : Les Défis De L'ia

Chapitre 9 : Questions Éthiques Et Sociales

9.1 Biais et Discrimination

- Comprendre les biais dans les algorithmes
- Stratégies pour réduire les biais et promouvoir l'équité

9.2 Transparence et Explicabilité

- Importance de la transparence dans les décisions automatisées

- Défis de l'explicabilité des algorithmes complexes

9.3 Impact sur l'Emploi et l'Économie

- Effets de l'automatisation sur le marché du travail

- Stratégies pour l'adaptation et la requalification des travailleurs

Chapitre 10 : Sécurité Et Confidentialité

10.1 Cybersécurité et IA

- Utilisation de l'IA pour améliorer la cybersécurité

- Menaces et vulnérabilités spécifiques à l'IA

10.2 Protection des Données Personnelles

- Réglementations sur la protection des données (GDPR, CCPA)

- Stratégies pour protéger la vie privée des utilisateurs

10.3 Sécurité des Systèmes Autonomes

- Sécurité des véhicules autonomes et des

systèmes critiques

- Protocoles de sécurité pour les systèmes d'IA

Chapitre 11 : Réglementation Et Politiques Publiques

11.1 Cadres Réglementaires Internationaux

- Réglementations actuelles sur l'IA dans différents pays
- Coopération internationale pour la gouvernance de l'IA

11.2 Politiques de Soutien à l'Innovation

- Initiatives gouvernementales pour promouvoir l'innovation en IA
- Programmes de financement et de recherche

11.3 Équilibre entre Réglementation et Innovation

- Trouver un équilibre entre la réglementation et la promotion de l'innovation
- Études de cas et meilleures pratiques

Chapitre 12 : L'avenir De L'ia

12.1 Tendances Émergentes

- Technologies et applications émergentes de l'IA
- Prévisions pour les prochaines décennies

12.2 IA et Sociétés Futures

- Impact potentiel de l'IA sur la société et la culture
- Scénarios pour l'avenir de l'IA et ses implications

12.3 Préparer l'Avenir avec l'IA

- Importance de l'éducation et de la formation continue
- Rôle des individus, des entreprises et des gouvernements dans la préparation à l'avenir de l'IA

Conclusion

- Récapitulatif des principaux points abordés
- Réflexions sur l'importance de l'IA dans notre monde
- Appel à l'action pour une utilisation responsable et éthique de l'IA

Appendices

Annexe A : Glossaire des Termes Techniques

- Définitions des principaux termes et concepts liés à l'IA

Annexe B : Ressources et Lectures Complémentaires

- Livres, articles, et ressources en ligne pour approfondir les sujets abordés

Annexe C : Études de Cas et Exemples Pratiques

- Études de cas détaillées de l'application de l'IA dans différents domaines

Remerciements

- Remerciements aux experts, chercheurs et praticiens de l'IA qui ont contribué à ce livre

À Propos de l'Auteur

- Biographie de l'auteur

- Expérience et expertise en intelligence artificielle et technologie

La Révolution de l'IA : Comment l'Intelligence Artificielle Transforme Notre Monde

INTRODUCTION

L'intelligence artificielle (IA) est devenue une force motrice du changement dans notre société moderne. Cette technologie, autrefois confinée aux laboratoires de recherche et aux récits de science-fiction, a rapidement évolué pour s'intégrer de manière profonde et significative dans presque tous les aspects de notre vie quotidienne. Des voitures autonomes qui promettent de réduire les accidents de la route, aux assistants vocaux qui répondent à nos questions et nous aident à gérer nos tâches quotidiennes, en passant par la médecine personnalisée qui révolutionne les soins de santé et l'automatisation industrielle qui redéfinit les chaînes de production, l'IA est partout.

Ce livre se propose de plonger dans l'univers fascinant de l'intelligence artificielle, d'explorer ses impacts sur notre monde, de mettre en lumière les opportunités qu'elle ouvre et de discuter des défis qu'elle pose. Nous vivons à une époque où l'IA modifie en profondeur les industries, améliore la qualité de vie de millions de personnes et soulève des questions éthiques et sociales complexes.

L'IA est un domaine vaste et en constante évolution. Les progrès réalisés au cours des dernières années ont été impressionnants, mais ils ne sont qu'un avant-goût de ce qui nous attend. Les entreprises, les gouvernements et les institutions académiques du monde entier investissent massivement dans la recherche et le développement de l'IA, car ils reconnaissent son potentiel pour transformer les économies et les sociétés.

Dans les chapitres qui suivent, nous examinerons comment l'IA révolutionne divers secteurs, des transports à la santé, en passant par l'éducation, la finance et bien d'autres. Nous explorerons les applications concrètes de l'IA, telles que les systèmes de recommandation qui personnalisent nos expériences en ligne, les algorithmes de traitement du langage naturel qui permettent une communication plus fluide entre humains et machines, et les robots intelligents qui exécutent des tâches avec une précision inégalée.

Cependant, l'IA ne se contente pas de

faciliter nos vies ; elle soulève également des questions cruciales. À mesure que les machines deviennent plus intelligentes, elles posent des défis en matière de vie privée, de sécurité, de biais algorithmique et d'emploi. Comment garantir que l'IA est développée et utilisée de manière éthique ? Comment protéger les données personnelles dans un monde où les informations sont de plus en plus collectées et analysées ? Comment préparer la main-d'œuvre aux changements inévitables induits par l'automatisation ?

Nous aborderons également les dimensions éthiques et sociales de l'IA, en discutant des responsabilités des développeurs, des régulateurs et des utilisateurs. Il est essentiel de réfléchir aux implications de cette technologie sur notre vie privée, nos droits et nos libertés. Les décisions que nous prenons aujourd'hui en matière d'IA façonneront l'avenir de notre société.

En fin de compte, ce livre vise à fournir une compréhension globale de l'intelligence artificielle et de son rôle dans notre monde. Que vous soyez un professionnel du secteur technologique, un étudiant curieux ou simplement un citoyen intéressé par les innovations qui transforment notre société, ce livre est conçu pour vous offrir des insights précieux et des perspectives éclairées.

Plongeons ensemble dans le monde passionnant de l'IA et découvrons comment cette technologie révolutionnaire façonne notre présent et notre avenir.

PARTIE 1 : L'IA DANS LA VIE QUOTIDIENNE

CHAPITRE 1 : ASSISTANTS VOCAUX ET DOMOTIQUE

1.1 L'émergence Des Assistants Vocaux

Les assistants vocaux, tels que Siri, Alexa et Google Assistant, ont révolutionné notre interaction avec la technologie, modifiant profondément la façon dont nous accédons à l'information et gérons nos tâches quotidiennes. Ces dispositifs utilisent des algorithmes de traitement du langage naturel (NLP) pour comprendre et répondre aux commandes vocales, rendant l'interaction avec la technologie plus intuitive et accessible.

L'évolution des assistants vocaux a commencé modestement avec des interfaces simples et limitées. Les premiers assistants vocaux pouvaient effectuer des tâches de base telles que passer des appels ou envoyer des messages texte. Cependant, à mesure que les technologies de l'IA et du NLP se sont perfectionnées, les capacités des assistants vocaux se sont considérablement étendues. Aujourd'hui, ils peuvent gérer des fonctions complexes telles que la gestion de la domotique, la recherche d'informations détaillées sur Internet et même engager des conversations de manière quasi-humaine.

Les usages courants des assistants vocaux incluent la gestion de tâches quotidiennes comme les rappels, les alarmes, la lecture de musique et la recherche rapide d'informations. Ils peuvent également envoyer des messages, passer des appels et fournir des informations en temps réel sur la météo, le trafic et les actualités. Leur intégration dans des appareils domestiques intelligents a élargi leur utilité, les rendant indispensables pour beaucoup. Par exemple, avec une simple commande vocale, un utilisateur peut allumer les lumières, ajuster le thermostat ou verrouiller les portes.

1.2 La Domotique Et Les Maisons Intelligentes

La domotique, ou l'automatisation domestique, utilise l'IA pour automatiser les tâches domestiques, rendant les maisons plus confortables, sûres et éco énergétiques. Les systèmes de domotique intègrent des appareils connectés qui peuvent être contrôlés à distance via des applications mobiles ou des assistants vocaux. Cela inclut des thermostats intelligents, des systèmes de sécurité, des appareils électroménagers, des systèmes d'éclairage et bien plus encore.

Thermostats Intelligents : Les thermostats intelligents, comme le Nest, apprennent les préférences de température des utilisateurs et ajustent automatiquement les réglages pour optimiser le confort tout en économisant de l'énergie. Ils peuvent être contrôlés à distance via des applications et intégrés avec des assistants vocaux pour des commandes encore plus faciles.

Systèmes de Sécurité : Les systèmes de sécurité intelligents comprennent des caméras de surveillance, des détecteurs de mouvement et des serrures connectées. Ils offrent une surveillance en temps réel et peuvent envoyer des alertes aux utilisateurs en cas de détection d'activités suspectes. Les utilisateurs peuvent verrouiller ou déverrouiller les portes à distance, vérifier les flux de caméra en direct et recevoir des notifications instantanées.

Appareils Connectés : Les appareils

électroménagers intelligents, tels que les réfrigérateurs, les lave-linge et les fours, peuvent être contrôlés à distance et programmés pour fonctionner à des heures spécifiques. Par exemple, un four intelligent peut préchauffer automatiquement en fonction de l'heure de préparation des repas prédéfinie par l'utilisateur.

Les avantages de la domotique incluent une efficacité énergétique améliorée, un confort accru et une meilleure sécurité. Par exemple, les systèmes d'éclairage intelligents peuvent ajuster l'intensité lumineuse en fonction de la lumière ambiante ou de la présence des occupants, réduisant ainsi la consommation d'énergie. Les systèmes de sécurité offrent une tranquillité d'esprit en permettant une surveillance continue de la maison, même lorsque les occupants sont absents.

1.3 Défis Et Considérations De Sécurité

L'intégration de l'IA dans la domotique soulève des préoccupations importantes en matière de sécurité et de confidentialité. Les appareils connectés collectent de grandes quantités de données personnelles, y compris des habitudes de vie, des préférences et des informations sensibles. Ces données sont souvent stockées dans le cloud, ce qui pose des risques en cas de violation de la sécurité ou de piratage.

Risques de Sécurité : Les appareils de domotique sont des cibles potentielles pour les cyberattaques. Les pirates peuvent exploiter des failles de sécurité pour accéder aux réseaux domestiques, voler des informations personnelles ou même prendre le contrôle des appareils connectés. Par exemple, un pirate informatique pourrait accéder à des caméras de sécurité, compromettant ainsi la vie privée des occupants.

Mesures de Protection : Les utilisateurs doivent être conscients des mesures à prendre pour protéger leurs données et leurs appareils. Cela inclut l'utilisation de mots de passe forts et uniques pour chaque appareil et compte, la mise à jour régulière des logiciels pour corriger les vulnérabilités, et la compréhension des politiques de confidentialité des fabricants. Il est également recommandé de segmenter le réseau domestique pour isoler les appareils de domotique des autres appareils connectés.

Réglementations et Normes : Les gouvernements et les organismes de réglementation travaillent à établir des normes de sécurité et de confidentialité pour les appareils connectés. Ces réglementations visent à garantir que les fabricants intègrent des mesures de sécurité robustes et transparentes dès la conception de leurs produits.

En conclusion, les assistants vocaux et la domotique représentent une avancée technologique majeure qui transforme nos maisons et notre mode de vie. Cependant, il est essentiel de rester vigilant quant aux défis de sécurité et de confidentialité associés à ces technologies. En adoptant des pratiques de sécurité appropriées et en restant informés des évolutions réglementaires, les utilisateurs peuvent profiter des avantages de la domotique tout en protégeant leur vie privée et leurs données.

CHAPITRE 2 : TRANSPORTS ET MOBILITÉ

2.1 Les Véhicules Autonomes

Les véhicules autonomes, également connus sous le nom de voitures sans conducteur, utilisent des technologies avancées pour naviguer et se déplacer sans intervention humaine. Ces technologies incluent la vision par ordinateur, les capteurs LIDAR, les radars, et les algorithmes de navigation et d'apprentissage automatique. Ensemble, ces composants permettent aux véhicules autonomes de percevoir leur environnement, de prendre des décisions de conduite et de se déplacer en toute sécurité.

L'un des principaux avantages des véhicules autonomes est leur potentiel à réduire les accidents de la route causés par des erreurs humaines, qui représentent la majorité des accidents de circulation. Les véhicules autonomes peuvent réagir plus rapidement que les humains, maintenir une vigilance constante et respecter strictement les règles de la route. En outre, ils peuvent communiquer entre eux pour éviter les collisions et optimiser les flux de trafic.

Les véhicules autonomes promettent également d'améliorer l'efficacité des transports. En optimisant les itinéraires en temps réel et en réduisant les embouteillages, ces véhicules peuvent diminuer les temps de trajet et les émissions de carbone. De plus, ils peuvent rendre le transport plus accessible pour les personnes âgées, les personnes handicapées et celles qui n'ont pas de permis de conduire.

Cependant, l'adoption des véhicules autonomes soulève des défis techniques et sociaux. Assurer la fiabilité des systèmes de détection et de navigation dans toutes les conditions météorologiques et sur tous les types de routes est une tâche complexe. De plus, la transition vers un parc de véhicules autonomes nécessite une infrastructure adaptée, comme des routes équipées de capteurs et des systèmes de communication avancés.

2.2 L'ia Dans Les Transports Publics

L'IA transforme également les systèmes de

transports publics en les rendant plus efficaces, fiables et adaptés aux besoins des usagers. Les algorithmes d'IA peuvent analyser de vastes quantités de données provenant de capteurs, de caméras et de dispositifs GPS pour optimiser les horaires et les itinéraires des transports en commun.

Par exemple, dans certaines villes, des systèmes d'IA ajustent en temps réel les horaires des bus et des trains en fonction de la demande des passagers, des conditions de trafic et des événements imprévus. Ces ajustements dynamiques réduisent les temps d'attente et améliorent la satisfaction des passagers.

L'IA peut également contribuer à la gestion prédictive de la maintenance des infrastructures de transport. En surveillant en continu l'état des véhicules et des équipements, les systèmes d'IA peuvent identifier les signes précurseurs de défaillance et planifier des interventions de maintenance avant que des pannes ne surviennent. Cela permet de réduire les interruptions de service et d'améliorer la sécurité.

En outre, les systèmes de transport intelligent (ITS) utilisent l'IA pour coordonner les feux de signalisation, optimiser les flux de trafic et réduire les embouteillages. En surveillant et en analysant en temps réel les conditions de circulation, ces systèmes peuvent ajuster les cycles des feux de signalisation pour fluidifier le trafic et améliorer la mobilité urbaine.

2.3 Réglementation Et Défis Éthiques

L'adoption des véhicules autonomes et d'autres technologies de transport basées sur l'IA nécessite une réglementation appropriée pour garantir la sécurité et la responsabilité. Les législateurs doivent créer des cadres juridiques clairs pour déterminer la responsabilité en cas d'accidents impliquant des véhicules autonomes. Cela inclut des questions complexes telles que la responsabilité du constructeur, du développeur de logiciels ou de l'utilisateur du véhicule.

En outre, les questions éthiques liées à la prise de décision en situation d'urgence doivent être abordées. Par exemple, comment un véhicule autonome doit-il réagir dans une situation où un accident est inévitable ? Les dilemmes éthiques, tels que choisir entre éviter un piéton et protéger les passagers du véhicule, nécessitent une réflexion approfondie et des solutions équilibrées.

Les préoccupations relatives à la confidentialité et à la sécurité des données sont également cruciales. Les véhicules autonomes et les systèmes de transport intelligent collectent et traitent de grandes quantités de données personnelles et de trafic. Assurer la protection de ces données contre les cyberattaques et les abus est essentiel pour maintenir la confiance des utilisateurs et garantir leur sécurité.

Enfin, l'impact de l'IA sur l'emploi dans le secteur des transports ne doit pas être négligé. La transition vers des véhicules autonomes et des systèmes de transport automatisés peut entraîner des pertes d'emplois dans certains secteurs, tels que les chauffeurs de taxi et de camion. Il est important de prévoir des mesures pour soutenir les travailleurs affectés par ces changements, notamment par la formation et la reconversion professionnelle.

En conclusion, l'intégration de l'IA dans les transports et la mobilité offre des opportunités incroyables pour améliorer l'efficacité, la sécurité et l'accessibilité des systèmes de transport. Cependant, elle pose également des défis techniques, réglementaires et éthiques qui nécessitent une attention et une gestion soigneuses. En adoptant une approche équilibrée et réfléchie, nous pouvons maximiser les avantages de ces technologies tout en minimisant leurs risques et leurs impacts négatifs.

CHAPITRE 3 : SANTÉ ET MÉDECINE

3.1 Diagnostics Et Traitements Personnalisés

L'intelligence artificielle révolutionne le domaine de la santé en permettant des diagnostics plus précis et des traitements personnalisés, transformant ainsi la manière dont les soins médicaux sont dispensés. Les algorithmes d'apprentissage automatique, en particulier, jouent un rôle crucial en analysant de vastes quantités de données médicales pour détecter des anomalies et assister les médecins dans le diagnostic des maladies.

Par exemple, l'IA est utilisée pour analyser des radiographies, des IRM et des scanners afin de détecter des cancers à un stade précoce, souvent avant qu'ils ne soient visibles pour l'œil humain. Ces systèmes peuvent identifier des caractéristiques subtiles dans les images médicales qui pourraient indiquer la présence de tumeurs ou d'autres anomalies. Cela permet non seulement de diagnostiquer les maladies plus tôt mais aussi d'améliorer les taux de survie des patients grâce à une intervention rapide.

En outre, l'IA facilite la personnalisation des traitements. Les systèmes d'IA peuvent analyser les profils génétiques des patients, leurs antécédents médicaux et leurs réponses aux traitements antérieurs pour recommander des thérapies sur mesure. Par exemple, en oncologie, l'IA peut aider à déterminer quel traitement de chimiothérapie sera le plus efficace pour un patient spécifique en fonction de ses caractéristiques génétiques et de la nature de sa tumeur.

Un autre domaine où l'IA montre un grand potentiel est la prédiction des crises médicales. Les systèmes d'IA peuvent surveiller en temps réel les signes vitaux des patients hospitalisés et utiliser des modèles prédictifs pour alerter les médecins avant que des complications graves ne surviennent, permettant ainsi des interventions préventives.

3.2 Ia Et Recherche Médicale

L'IA accélère la recherche médicale en permettant l'analyse de vastes ensembles de données pour identifier des tendances, des corrélations et des hypothèses de recherche prometteuses. Cette capacité à traiter et à analyser rapidement d'énormes quantités de données ouvre de nouvelles voies pour la découverte de médicaments et la compréhension des maladies.

Par exemple, les chercheurs utilisent des algorithmes d'IA pour analyser les interactions entre des milliers de composés chimiques et des cibles biologiques, ce qui permet de découvrir de nouveaux médicaments plus efficacement. Les algorithmes peuvent identifier les composés qui ont le plus de chances d'être efficaces contre une maladie particulière, réduisant ainsi le temps et le coût des essais cliniques.

L'IA aide également à prévoir les résultats des essais cliniques en analysant les données des essais précédents et en identifiant les facteurs qui influencent les résultats des patients. Cela permet de concevoir des essais cliniques plus efficaces et d'améliorer les taux de succès.

De plus, l'IA joue un rôle clé dans l'analyse des données génomiques. Les algorithmes peuvent analyser les séquences d'ADN pour identifier les mutations génétiques associées à certaines maladies, ouvrant la voie à des thérapies géniques personnalisées. Par exemple, l'IA a été utilisée pour identifier des biomarqueurs génétiques qui prédisent la réponse des patients à certains traitements, permettant de personnaliser les thérapies pour chaque individu.

3.3 Implications Éthiques Et Confidentialité Des Données

L'utilisation de l'IA dans le domaine de la santé soulève des questions éthiques importantes, en particulier en ce qui concerne la confidentialité des données des patients. Les systèmes d'IA dépendent de vastes quantités de données médicales pour fonctionner efficacement, ce qui pose des défis en matière de protection des données et de respect de la vie privée.

La confidentialité des données est essentielle pour maintenir la confiance des patients dans le système de santé. Il est crucial de garantir que les données médicales soient protégées contre les accès non autorisés et les violations de la confidentialité. Cela nécessite la mise en place de mesures de sécurité robustes, telles que le cryptage des données, l'authentification multi-facteurs et la surveillance continue des systèmes.

Les professionnels de la santé et les développeurs d'IA doivent travailler ensemble pour créer des systèmes sécurisés qui respectent les droits des patients tout en tirant parti des avantages de l'IA pour améliorer les soins. Cela inclut la mise en œuvre de protocoles de consentement éclairé, où les patients sont informés de la manière dont leurs données seront utilisées et ont la possibilité de refuser le partage de leurs informations.

En outre, l'équité et l'absence de biais dans les systèmes d'IA sont des préoccupations majeures. Les algorithmes peuvent reproduire ou amplifier les biais existants dans les données, ce qui peut entraîner des disparités dans les diagnostics et les traitements. Il est donc crucial de s'assurer que les données utilisées pour entraîner les systèmes d'IA sont représentatives et exemptes de biais, et de développer des mécanismes pour détecter et corriger les biais dans les algorithmes.

Enfin, il est important de considérer les implications éthiques de la prise de décision automatisée dans les soins de santé. Les décisions médicales doivent toujours être prises en tenant compte du contexte individuel des patients et avec un jugement clinique humain. L'IA peut fournir des recommandations et des analyses précieuses, mais elle ne doit pas remplacer la relation de confiance entre les patients et les médecins.

En conclusion, l'introduction de l'IA dans le domaine de la santé promet d'améliorer considérablement les diagnostics et les traitements, d'accélérer la recherche médicale et de personnaliser les soins. Cependant, il est essentiel de traiter les implications éthiques et de garantir la confidentialité des données pour maximiser les avantages de cette technologie tout en respectant les droits des patients.

CHAPITRE 4 : ÉDUCATION ET APPRENTISSAGE

4.1 Personnalisation De L'apprentissage

L'intelligence artificielle (IA) permet de personnaliser l'apprentissage en adaptant les méthodes pédagogiques aux besoins individuels des étudiants. Les systèmes d'apprentissage adaptatif utilisent des algorithmes pour évaluer les forces et les faiblesses des élèves et proposer des contenus et des exercices adaptés à leur niveau. Cette approche permet de créer des parcours d'apprentissage personnalisés qui maximisent l'engagement et l'efficacité de l'enseignement.

Par exemple, les plateformes d'apprentissage en ligne comme Khan Academy utilisent des algorithmes pour analyser les performances des étudiants et adapter le contenu en fonction de leurs progrès. Si un étudiant éprouve des difficultés avec un concept particulier, le système propose des ressources supplémentaires et des exercices ciblés pour renforcer sa compréhension. À l'inverse, si un étudiant maîtrise rapidement un sujet, il peut avancer plus rapidement vers des concepts plus complexes.

Cette personnalisation améliore l'efficacité de l'enseignement et aide les étudiants à progresser à leur propre rythme, en renforçant les concepts qu'ils trouvent difficiles et en avançant plus rapidement dans les domaines où ils excellent. De plus, l'IA peut fournir des feedbacks immédiats et détaillés, permettant aux étudiants de comprendre leurs erreurs et de s'améliorer en continu.

Les avantages de l'apprentissage personnalisé incluent une motivation accrue, une réduction de l'ennui et une meilleure rétention des connaissances. Les étudiants sont plus engagés lorsqu'ils reçoivent un enseignement qui correspond à leurs besoins spécifiques, ce qui peut également améliorer leurs résultats académiques à long terme.

4.2 Ia Dans L'administration Éducative

L'IA peut également automatiser de nombreuses tâches administratives dans les établissements éducatifs, libérant ainsi du temps pour les enseignants et les administrateurs afin qu'ils puissent se concentrer sur l'enseignement et le soutien aux étudiants. Les applications de l'IA dans l'administration éducative comprennent la gestion des inscriptions, le suivi des performances des étudiants, la planification des horaires et la gestion des ressources.

Par exemple, les systèmes de gestion des inscriptions basés sur l'IA peuvent automatiser le processus d'inscription des étudiants, en veillant à ce que tous les documents nécessaires soient soumis et que les étudiants soient inscrits aux bons cours. Cela réduit la charge de travail administrative et minimise les erreurs humaines.

En outre, les systèmes d'IA peuvent analyser les données de performance des étudiants pour identifier ceux qui risquent de décrocher. Ces systèmes peuvent détecter des schémas dans les notes, la participation et le comportement des étudiants qui indiquent un risque potentiel d'abandon. Les enseignants et les conseillers peuvent alors intervenir de manière proactive pour offrir un soutien personnalisé aux étudiants en difficulté, qu'il s'agisse de tutorat supplémentaire, de conseils ou d'autres formes d'assistance.

L'IA peut également améliorer la planification des horaires en tenant compte des préférences des étudiants et des enseignants, des disponibilités des salles de classe et des contraintes institutionnelles. En optimisant les horaires, les établissements peuvent maximiser l'utilisation des ressources et améliorer l'expérience éducative globale.

4.3 Enjeux De L'éducation À L'ia

Préparer les étudiants et les enseignants à l'utilisation de l'IA est crucial dans un monde de plus en plus dominé par cette technologie. Cela inclut l'intégration de l'IA dans les programmes éducatifs et la formation des enseignants à l'utilisation des outils d'IA.

Intégration de l'IA dans les Programmes Éducatifs : Les étudiants doivent être exposés aux principes de base de l'IA dès le plus jeune âge. Cela peut inclure des cours sur les concepts fondamentaux de l'IA, les algorithmes, l'apprentissage automatique et les applications pratiques de l'IA dans divers domaines. Les écoles et les universités devraient intégrer des modules sur l'IA dans leurs programmes de sciences, de mathématiques et de technologie.

Formation des Enseignants : Les enseignants doivent être formés à l'utilisation des outils d'IA pour maximiser leur potentiel en classe. Cela inclut la formation à l'utilisation des systèmes d'apprentissage adaptatif, des plateformes d'évaluation basées sur l'IA et des outils de gestion de classe automatisés. Les enseignants doivent également être conscients des implications éthiques de l'IA et savoir comment utiliser ces technologies de manière responsable.

Éducation Éthique : Il est important d'enseigner aux étudiants les aspects éthiques de l'IA, y compris les questions de confidentialité des données, de biais algorithmique et de responsabilité. En sensibilisant les étudiants à ces questions, les éducateurs peuvent les préparer à utiliser et à développer des technologies d'IA de manière éthique et responsable.

Expérience Pratique : Les programmes éducatifs

devraient inclure des projets pratiques où les étudiants peuvent appliquer leurs connaissances de l'IA pour résoudre des problèmes réels. Cela peut inclure des projets de codage, des hackathons, des compétitions de robotique et d'autres activités qui encouragent l'innovation et la créativité.

En conclusion, l'IA offre d'immenses possibilités pour améliorer l'éducation et l'apprentissage. En personnalisant l'enseignement, en automatisant les tâches administratives et en préparant les étudiants et les enseignants à l'utilisation de l'IA, nous pouvons créer un système éducatif plus efficace, équitable et engagé. Cependant, il est crucial de veiller à ce que ces technologies soient utilisées de manière éthique et responsable, en protégeant les droits et la confidentialité des étudiants.

PARTIE 2 : L'IA ET LES INDUSTRIES

CHAPITRE 5 : FABRICATION ET PRODUCTION

5.1 Automatisation Industrielle

L'intelligence artificielle joue un rôle crucial dans l'automatisation industrielle, transformant la manière dont les usines et les installations de production fonctionnent. Les robots intelligents et les systèmes automatisés peuvent effectuer des tâches répétitives et dangereuses avec une précision et une vitesse inégalées par les humains. Cette capacité permet non seulement d'améliorer l'efficacité des processus de production, mais aussi de réduire les erreurs et les coûts de production.

Les robots industriels, équipés de capteurs avancés et d'algorithmes d'IA, peuvent assembler des produits, effectuer des contrôles de qualité et manipuler des matériaux avec une précision exceptionnelle. Par exemple, dans l'industrie automobile, les robots d'assemblage peuvent souder, peindre et monter des pièces de voiture avec une précision millimétrique, assurant une qualité constante et réduisant les défauts de fabrication.

De plus, les systèmes d'IA peuvent surveiller les processus de production en temps réel, collectant et analysant des données pour optimiser l'efficacité et la qualité des produits. Par exemple, les algorithmes d'IA peuvent ajuster les paramètres de production, tels que la température, la pression et la vitesse de la chaîne de montage, en fonction des données en temps réel pour maximiser l'efficacité et minimiser les déchets.

5.2 Maintenance Prédictive

La maintenance prédictive est une autre application essentielle de l'IA dans l'industrie manufacturière. En analysant les données des capteurs installés sur les équipements industriels, les algorithmes d'IA peuvent identifier les signes précurseurs de défaillances et recommander des actions de maintenance avant que les pannes ne se produisent. Cette approche proactive permet de réduire les temps d'arrêt non planifiés et les coûts de maintenance, tout en améliorant la fiabilité et la durée de vie des équipements.

Par exemple, dans une usine de fabrication, des capteurs peuvent surveiller la vibration, la température et les niveaux de bruit des machines. Les algorithmes d'IA analysent ces données pour détecter des anomalies qui pourraient indiquer une usure ou un dysfonctionnement imminent. En alertant les techniciens de maintenance à l'avance, ces systèmes permettent de planifier des interventions ciblées et de prévenir les pannes coûteuses.

La maintenance prédictive offre également des avantages en termes de gestion des stocks de pièces de rechange et de planification des ressources. En prévoyant les besoins de maintenance, les entreprises peuvent optimiser leurs inventaires et réduire les coûts liés au stockage et à l'achat d'équipements de remplacement.

5.3 Impact Sur L'emploi Et Les Compétences

L'automatisation industrielle et l'IA transforment les emplois dans le secteur manufacturier de manière significative. Alors que certains emplois répétitifs et dangereux sont remplacés par des machines, de nouveaux emplois nécessitant des compétences techniques avancées sont créés. Cette transition entraîne des changements dans les compétences requises et les opportunités d'emploi.

Les travailleurs doivent acquérir de nouvelles compétences pour s'adapter à l'environnement de travail automatisé. Cela inclut la capacité de programmer et de maintenir les robots, de gérer les systèmes d'IA et de comprendre les données générées par les capteurs et les équipements intelligents. Les compétences en analyse de données, en programmation et en gestion de systèmes deviennent de plus en plus essentielles.

Il est crucial de préparer les travailleurs à cette transition en offrant des programmes de formation et de requalification. Les entreprises, les institutions éducatives et les gouvernements doivent collaborer pour développer des programmes de formation adaptés aux besoins de l'industrie moderne. Par exemple, des cours sur la robotique, l'IA, la cybersécurité et la gestion des données peuvent être intégrés aux programmes de formation professionnelle et universitaire.

En outre, des initiatives de formation continue et de développement des compétences doivent être mises en place pour permettre aux travailleurs actuels de se recycler et de s'adapter aux nouvelles technologies. Les entreprises peuvent offrir des formations internes, des stages et des programmes d'apprentissage pour aider leurs employés à acquérir les compétences nécessaires.

En conclusion, l'automatisation industrielle et l'IA offrent des opportunités significatives pour améliorer l'efficacité et la qualité de la production manufacturière. Cependant, il est essentiel de gérer les impacts sur l'emploi en investissant dans la formation et la requalification des travailleurs. En adoptant une approche proactive et en mettant en place des stratégies de formation adaptées, nous pouvons tirer parti des avantages de l'IA tout en soutenant une transition équitable pour les travailleurs.

CHAPITRE 6 : SERVICES FINANCIERS

6.1 Analyse Prédictive Et Gestion Des Risques

L'intelligence artificielle (IA) révolutionne les services financiers en permettant une analyse prédictive avancée et une gestion des risques plus efficace. Les institutions financières utilisent des algorithmes d'IA pour analyser des vastes quantités de données de marché et prédire les tendances économiques, les fluctuations des prix des actifs et les comportements des consommateurs.

Les algorithmes d'IA peuvent traiter des millions de transactions et de données économiques en temps réel, détectant des schémas et des anomalies que les analystes humains pourraient manquer. Par exemple, les modèles prédictifs peuvent identifier les signes précurseurs de crises financières, permettant aux banques et aux gestionnaires d'actifs de prendre des mesures préventives pour atténuer les risques.

En outre, l'IA permet une gestion des

portefeuilles plus dynamique. Les robots-conseillers (robo-advisors) utilisent des algorithmes pour créer et gérer des portefeuilles d'investissement personnalisés en fonction des objectifs financiers et du profil de risque de chaque client. Ces systèmes peuvent rééquilibrer automatiquement les portefeuilles en réponse aux changements du marché, optimisant ainsi les rendements tout en minimisant les risques.

6.2 Automatisation Des Services Bancaires

Les banques et les institutions financières adoptent de plus en plus l'IA pour automatiser les services aux clients et améliorer l'efficacité opérationnelle. Les chatbots, par exemple, sont utilisés pour fournir une assistance en ligne 24/7, répondant instantanément aux questions courantes des clients concernant les soldes de compte, les transactions récentes, et les services bancaires en ligne.

Les systèmes de détection de fraudes basés sur l'IA jouent également un rôle crucial en analysant les transactions en temps réel pour identifier et signaler des activités suspectes. Par exemple, les algorithmes peuvent détecter des schémas de dépenses inhabituels ou des tentatives de connexion suspectes, alertant immédiatement les équipes de sécurité et les clients concernés pour prendre des mesures correctives.

L'IA améliore également l'expérience client en offrant des services personnalisés. Par exemple, les systèmes d'IA peuvent analyser les comportements financiers des clients pour proposer des produits et services adaptés à leurs besoins, comme des offres de crédit personnalisées, des recommandations d'épargne ou des conseils d'investissement.

L'automatisation des services bancaires permet de réduire les coûts opérationnels, d'améliorer la précision des transactions et de fournir des services plus rapides et plus fiables. Cependant, elle nécessite également une surveillance constante pour garantir la qualité des interactions et la satisfaction des clients.

6.3 Problèmes De Sécurité Et Fraude

Bien que l'IA offre des avantages significatifs en matière de sécurité, elle pose également de nouveaux défis. Les cybercriminels exploitent également les avancées en IA pour créer des attaques plus sophistiquées, rendant la cybersécurité plus complexe et exigeante. Par exemple, les attaques par hameçonnage (phishing) peuvent être automatisées et personnalisées à grande échelle, utilisant des données recueillies par des systèmes d'IA pour cibler des individus spécifiques avec des messages convaincants.

Les institutions financières doivent donc investir dans des technologies de cybersécurité avancées pour se protéger contre ces menaces. Les solutions de cybersécurité basées sur l'IA peuvent analyser le trafic réseau, détecter des anomalies en temps réel et répondre automatiquement aux incidents de sécurité. Ces systèmes peuvent également apprendre et s'adapter aux nouvelles techniques de cyberattaque, améliorant ainsi leur efficacité au fil du temps.

En outre, la formation du personnel est essentielle pour renforcer la cybersécurité. Les employés doivent être sensibilisés aux risques de sécurité et formés aux meilleures pratiques pour prévenir les violations de données. La collaboration entre les experts en IA et les professionnels de la sécurité est cruciale pour développer des stratégies de défense robustes et coordonnées.

La confidentialité des données est un autre aspect critique. Les institutions financières traitent des informations sensibles, et il est impératif de garantir que ces données sont protégées contre les accès non autorisés. Cela inclut l'utilisation de techniques de cryptage avancées, de contrôles d'accès stricts et de protocoles de conformité rigoureux pour respecter les réglementations sur la protection des données, telles que le Règlement général sur la protection des données (RGPD) en Europe.

En conclusion, l'IA transforme les services financiers en offrant des capacités avancées d'analyse prédictive, d'automatisation des services et de détection des fraudes. Cependant, elle introduit également de nouveaux défis en matière de cybersécurité et de confidentialité des données. Pour tirer pleinement parti des avantages de l'IA, les institutions financières doivent investir dans des technologies de sécurité avancées, former leur personnel et adopter des pratiques rigoureuses de protection des données. La collaboration entre les différents acteurs du secteur est essentielle pour créer un environnement financier sûr, efficace et résilient.

CHAPITRE 7 : COMMERCE ET MARKETING

7.1 Personnalisation De L'expérience Client

L'intelligence artificielle (IA) permet de personnaliser les expériences client en analysant les données de comportement d'achat et de préférence. Grâce aux algorithmes d'apprentissage automatique, les entreprises peuvent mieux comprendre les besoins et les intérêts de leurs clients et offrir des recommandations de produits, des publicités personnalisées et des offres spéciales adaptées.

Par exemple, les plateformes de commerce en ligne comme Amazon utilisent des algorithmes d'IA pour analyser l'historique d'achat, les comportements de navigation et les avis des utilisateurs. Ces données sont ensuite utilisées pour recommander des produits susceptibles d'intéresser chaque client. De même, les services de streaming comme Netflix et Spotify utilisent des algorithmes pour proposer des films, des séries ou des morceaux de musique basés sur les préférences et les habitudes de visionnage ou d'écoute des utilisateurs.

La personnalisation de l'expérience client ne se limite pas aux recommandations de produits. Elle peut également inclure des expériences de navigation personnalisées, des pages d'accueil adaptées, et des notifications push spécifiques aux intérêts des utilisateurs. Par exemple, un site de vente de vêtements pourrait personnaliser l'affichage des produits en fonction des styles et des tailles préférées d'un client.

Cette personnalisation permet non seulement d'améliorer la satisfaction et la fidélité des clients, mais aussi d'augmenter les taux de conversion et les ventes. En offrant des expériences pertinentes et engageantes, les entreprises peuvent se démarquer dans un marché concurrentiel.

7.2 Automatisation Du Marketing

L'IA transforme le marketing en automatisant de nombreuses tâches, ce qui permet aux entreprises de gagner en efficacité et en pertinence. Les outils d'IA peuvent analyser les données des clients pour identifier les segments de marché les plus prometteurs, créer du contenu personnalisé et optimiser les campagnes publicitaires en temps réel.

Segmentation de la clientèle : Les algorithmes d'IA peuvent analyser de vastes ensembles de données pour segmenter la clientèle en groupes basés sur des critères démographiques, comportementaux et psychographiques. Cette segmentation permet de cibler chaque groupe avec des messages marketing adaptés, augmentant ainsi l'efficacité des campagnes.

Création de contenu : Les outils d'IA peuvent générer du contenu marketing personnalisé, tel que des e-mails, des articles de blog, et des publications sur les réseaux sociaux. Par exemple, des plateformes comme Copy.ai utilisent l'IA pour rédiger des textes marketing en fonction des besoins spécifiques des campagnes, ce qui permet de créer du contenu rapidement et à grande échelle.

Optimisation des campagnes publicitaires : Les systèmes d'IA peuvent analyser les performances des campagnes publicitaires en temps réel et ajuster automatiquement les paramètres pour maximiser les résultats. Par exemple, les algorithmes peuvent ajuster les enchères publicitaires, sélectionner les canaux de diffusion les plus performants et personnaliser les annonces en fonction des préférences des utilisateurs.

Les campagnes de marketing automatisées permettent de gagner du temps et d'améliorer l'efficacité, tout en assurant une communication plus cohérente et pertinente avec les clients. Elles permettent également de tester et d'optimiser continuellement les stratégies marketing, garantissant ainsi un retour sur investissement maximal.

7.3 Éthique Du Marketing Basé Sur L'ia

L'utilisation de l'IA dans le marketing soulève des questions éthiques importantes, notamment en ce qui concerne la collecte et l'utilisation des données personnelles. Les entreprises doivent veiller à respecter les réglementations en matière de protection des données, telles que le Règlement général sur la protection des données (RGPD) en Europe, et à adopter des pratiques transparentes et responsables.

Collecte des données : Les entreprises doivent obtenir le consentement explicite des utilisateurs avant de collecter leurs données personnelles. Elles doivent également informer clairement les utilisateurs sur les types de données collectées, les finalités de la collecte et les modalités de stockage et de protection des données.

Utilisation des données : Les données des clients doivent être utilisées de manière éthique et responsable. Les entreprises doivent éviter de manipuler les comportements des utilisateurs de manière intrusive ou exploitante. Par exemple, elles doivent éviter de créer des publicités trop ciblées qui peuvent sembler envahissantes ou de profiter des vulnérabilités des consommateurs.

Transparence et contrôle : Il est crucial d'offrir aux utilisateurs des options de consentement et de contrôle sur la manière dont leurs informations sont collectées et utilisées. Les entreprises doivent permettre aux utilisateurs de modifier leurs préférences en matière de confidentialité et de retirer leur consentement à tout moment.

Sécurité des données : Les entreprises doivent mettre en place des mesures de sécurité robustes pour protéger les données personnelles contre les accès non autorisés et les violations de la confidentialité. Cela inclut l'utilisation de technologies de cryptage, de contrôles d'accès stricts et de protocoles de gestion des incidents de sécurité.

En conclusion, l'IA offre des opportunités considérables pour personnaliser l'expérience client et automatiser les stratégies marketing, augmentant ainsi l'efficacité et la pertinence des campagnes. Cependant, il est essentiel d'aborder ces innovations avec une conscience éthique, en respectant la vie privée et les droits des consommateurs. En adoptant des pratiques transparentes et responsables, les entreprises peuvent construire une relation de confiance avec leurs clients et utiliser l'IA de manière bénéfique pour toutes les parties prenantes.

CHAPITRE 8 : AGRICULTURE ET ENVIRONNEMENT

8.1 Agriculture De Précision

L'agriculture de précision utilise l'intelligence artificielle (IA) pour optimiser les rendements agricoles en surveillant minutieusement les conditions des cultures et en ajustant les pratiques agricoles en conséquence. Cette approche repose sur l'utilisation de divers capteurs et drones équipés de technologies avancées qui permettent de collecter des données en temps réel.

Capteurs et Drones : Les capteurs placés dans les champs peuvent mesurer des paramètres tels que l'humidité du sol, la température, les niveaux de nutriments et la santé des plantes. Les drones, quant à eux, survolent les champs pour capturer des images détaillées et des données sur la croissance des cultures, les infestations de parasites, et les maladies. Ces dispositifs fournissent des informations précises et en temps réel, permettant une surveillance continue et une intervention rapide.

Analyse de Données : Les données collectées par ces capteurs et drones sont ensuite analysées par des algorithmes d'IA sophistiqués. Ces algorithmes peuvent identifier des tendances et des anomalies, et fournir des recommandations spécifiques aux agriculteurs. Par exemple, ils peuvent indiquer quand et où irriguer, quels fertilisants appliquer et en quelle quantité, et comment gérer les parasites de manière plus efficace.

Décisions Éclairées : Grâce à ces technologies, les agriculteurs peuvent prendre des décisions plus éclairées et précises. Par exemple, en ajustant l'irrigation en fonction des niveaux d'humidité du sol mesurés, ils peuvent éviter le sur-arrosage ou le sous-arrosage, ce qui améliore l'utilisation de l'eau et augmente les rendements. De même, en détectant les maladies à un stade précoce grâce aux drones, ils peuvent intervenir rapidement pour prévenir la propagation et minimiser les pertes.

Durabilité : L'agriculture de précision contribue également à la durabilité en optimisant l'utilisation des ressources naturelles. En réduisant le gaspillage d'eau et de fertilisants, et en minimisant l'usage de pesticides grâce à une gestion ciblée des parasites, cette approche réduit l'impact environnemental de l'agriculture.

8.2 Gestion Des Ressources Naturelles

L'intelligence artificielle joue un rôle crucial dans la gestion efficace et durable des ressources naturelles. En optimisant l'utilisation de l'eau, de l'énergie et d'autres ressources, l'IA aide à réduire la consommation excessive et à minimiser l'empreinte écologique.

Optimisation de l'Utilisation de l'Eau : Les systèmes d'IA peuvent surveiller les conditions météorologiques, les niveaux d'humidité du sol et les besoins en eau des plantes pour ajuster automatiquement les niveaux d'irrigation. Par exemple, les algorithmes peuvent prédire les périodes de sécheresse et augmenter l'irrigation de manière proactive, ou réduire l'arrosage en période de forte pluie pour éviter le gaspillage.

Gestion Urbaine de l'Eau : En milieu urbain, l'IA peut être utilisée pour optimiser la distribution et la gestion de l'eau. Les systèmes intelligents peuvent détecter les fuites dans les réseaux de distribution et ajuster les pressions pour minimiser les pertes. De plus, ils peuvent prévoir les pics de demande et ajuster l'approvisionnement en conséquence.

Surveillance et Gestion des Ressources Énergétiques : L'IA peut également être utilisée pour surveiller et gérer les ressources énergétiques. Par exemple, les réseaux électriques intelligents (smart grids) utilisent des algorithmes pour équilibrer l'offre et la demande d'énergie, réduire les pertes et améliorer l'efficacité. Les bâtiments intelligents peuvent ajuster automatiquement le chauffage, la climatisation et l'éclairage en fonction de l'occupation et des conditions extérieures, réduisant ainsi la consommation d'énergie.

Réduction de l'Empreinte Carbone : En optimisant l'utilisation des ressources, l'IA contribue à réduire l'empreinte carbone. Par exemple, en améliorant l'efficacité énergétique et en intégrant les sources d'énergie renouvelable de manière plus efficace, les systèmes d'IA peuvent aider à réduire les émissions de gaz à effet de serre.

8.3 Ia Et Protection De L'environnement

L'intelligence artificielle joue un rôle crucial dans la protection de l'environnement, en surveillant et en prévenant les catastrophes naturelles, et en soutenant les projets de conservation.

Surveillance des Catastrophes Naturelles : Les algorithmes d'IA peuvent analyser les données environnementales pour détecter les signes avant-coureurs de catastrophes naturelles telles que les incendies de forêt, les inondations et les tremblements de terre. Par exemple, en surveillant les images satellite et les données météorologiques, l'IA peut identifier les conditions propices aux incendies de forêt et alerter les autorités avant qu'ils ne se déclenchent.

Prévention et Réponse : En plus de la surveillance, l'IA peut aider à coordonner la réponse aux catastrophes. Par exemple, en cas d'inondation, les systèmes d'IA peuvent analyser les données en temps réel pour prédire les zones les plus à risque et optimiser les évacuations. De même, après un tremblement de terre, l'IA peut analyser les images satellite pour évaluer les dégâts et coordonner les efforts de secours.

Conservation de la Biodiversité : Les projets de conservation utilisent l'IA pour surveiller la biodiversité et protéger les espèces en danger. Par exemple, les drones équipés de caméras et de capteurs d'IA peuvent surveiller les habitats naturels et détecter les activités illégales comme le braconnage. Les algorithmes d'IA peuvent également analyser les enregistrements audio pour identifier les espèces animales par leurs sons et suivre leur population.

Protection des Espèces en Danger : En utilisant l'IA pour surveiller les populations animales, les scientifiques peuvent mieux comprendre les comportements et les besoins des espèces en danger. Par exemple, en suivant les mouvements des animaux à l'aide de colliers GPS et en analysant les données, l'IA peut aider à identifier les corridors de migration critiques et à planifier les efforts de conservation.

Réduction de l'Impact Humain : L'IA peut également aider à réduire l'impact humain sur l'environnement en optimisant l'utilisation des ressources et en promouvant des pratiques durables. Par exemple, les systèmes de gestion des déchets intelligents peuvent améliorer le tri et le recyclage, et les applications de gestion de l'énergie peuvent aider les utilisateurs à réduire leur consommation d'énergie.

En conclusion, l'intelligence artificielle offre des outils puissants pour améliorer l'efficacité et la durabilité de l'agriculture, gérer les ressources naturelles de manière plus efficace, et protéger l'environnement contre les menaces naturelles et humaines. En exploitant ces technologies de manière responsable et éthique, nous pouvons maximiser leurs bénéfices tout en minimisant leurs risques, et ainsi contribuer à un avenir plus durable et résilient.

PARTIE 3 : LES DEFIS DE L'IA

CHAPITRE 9 : QUESTIONS ÉTHIQUES ET SOCIALES

9.1 Biais Et Discrimination

Les algorithmes d'IA peuvent refléter et amplifier les biais présents dans les données sur lesquelles ils sont formés. Par exemple, si les données historiques utilisées pour entraîner un algorithme de recrutement contiennent des biais de genre ou de race, l'algorithme peut reproduire ces biais, conduisant à des discriminations involontaires dans le processus d'embauche. De même, dans les systèmes de prêt financier, les biais peuvent influencer les décisions de crédit, favorisant certaines populations au détriment d'autres.

Détection des Biais : Pour détecter les biais, il est crucial d'analyser les données utilisées pour l'entraînement des algorithmes et les décisions prises par ces derniers. Les techniques incluent l'audit des algorithmes et l'utilisation de métriques spécifiques pour mesurer les disparités de traitement entre différents groupes.

Atténuation des Biais : L'atténuation des biais implique l'utilisation de jeux de données diversifiés et représentatifs. Les développeurs peuvent également implémenter des techniques de correction des biais, comme le rééquilibrage des données ou l'ajustement des algorithmes pour minimiser les différences de traitement.

Transparence et Contrôle : La mise en place de mécanismes de transparence permet de mieux comprendre comment les décisions sont prises par les algorithmes. Des audits réguliers et la divulgation des méthodes utilisées pour développer et entraîner les algorithmes peuvent contribuer à une plus grande responsabilité.

9.2 Transparence Et Explicabilité

La transparence et l'explicabilité des décisions prises par les systèmes d'IA sont cruciales pour garantir leur acceptation et leur confiance. Les utilisateurs, qu'ils soient des individus ou des organisations, doivent comprendre comment et pourquoi les algorithmes prennent certaines décisions, surtout dans des domaines critiques comme la santé, la justice et la finance.

Techniques d'Explicabilité : Les chercheurs développent des techniques pour rendre les algorithmes d'IA plus explicables. Par exemple, des méthodes comme LIME (Local Interpretable Model-agnostic Explanations) et SHAP (SHapley Additive exPlanations) permettent de décomposer les décisions des modèles complexes en explications compréhensibles par les humains.

Interfaces Utilisateur : Des interfaces utilisateur claires et intuitives peuvent aider à communiquer les raisons derrière les décisions prises par les algorithmes. Les visualisations de données et les rapports détaillés peuvent également aider les utilisateurs à comprendre les facteurs influençant les décisions.

Réglementation et Normes : Les régulateurs peuvent jouer un rôle en établissant des normes pour la transparence et l'explicabilité. Par exemple, le RGPD en Europe impose des exigences de transparence sur les décisions automatisées, obligeant les organisations à fournir des explications compréhensibles aux individus concernés.

9.3 Impact Sur L'emploi Et L'économie

L'automatisation et l'IA ont un impact significatif sur l'emploi et l'économie. Si certains emplois sont supprimés par l'automatisation, de nouveaux types d'emplois sont créés, nécessitant des compétences techniques avancées. Cette transformation peut entraîner des défis pour les travailleurs et les entreprises.

Transformation des Emplois : Les emplois répétitifs et manuels sont les plus susceptibles d'être automatisés, tandis que les emplois nécessitant des compétences analytiques, créatives et techniques sont en hausse. Les travailleurs doivent s'adapter à ces nouvelles exigences en acquérant de nouvelles compétences.

Programmes de Formation : Les gouvernements et les entreprises doivent collaborer pour offrir des programmes de formation et de requalification. Ces programmes peuvent inclure des formations en compétences numériques, des cours en ligne, et des certifications en technologies émergentes.

Politiques de Soutien : La création de politiques de soutien et de protection sociale est essentielle pour atténuer les effets négatifs de la transition. Cela peut inclure des indemnités de chômage, des subventions pour la formation continue, et des initiatives de soutien aux travailleurs indépendants et aux petites entreprises.

Collaboration Public-Privé : La collaboration entre le secteur public et le secteur privé est cruciale pour développer des solutions efficaces. Les entreprises technologiques peuvent partager leurs expertises et ressources pour aider à la formation, tandis que les gouvernements peuvent fournir un cadre réglementaire favorable à l'innovation tout en protégeant les travailleurs.

En conclusion, aborder les questions éthiques et sociales liées à l'IA nécessite une approche multidimensionnelle, incluant la détection et l'atténuation des biais, la promotion de la transparence et de l'explicabilité, et l'adaptation aux changements économiques et professionnels induits par l'automatisation. Par une collaboration étroite entre les différents acteurs de la société, il est possible de maximiser les bénéfices de l'IA tout en minimisant ses risques et ses impacts négatifs.

CHAPITRE 10 : SÉCURITÉ
ET CONFIDENTIALITÉ

10.1 Cybersécurité Et Ia

L'IA joue un rôle crucial dans le renforcement de la cybersécurité, offrant des moyens avancés pour détecter et répondre aux menaces de manière plus rapide et plus précise que les méthodes traditionnelles. Les systèmes d'IA peuvent analyser les modèles de comportement des utilisateurs et des systèmes pour identifier les anomalies qui pourraient indiquer une cyberattaque.

Détection et Réponse : Les algorithmes d'apprentissage automatique peuvent être formés pour reconnaître des schémas spécifiques associés à des attaques connues, permettant une détection précoce des intrusions. Par exemple, des techniques comme l'analyse comportementale et l'apprentissage profond peuvent identifier des activités suspectes en temps réel, alertant les administrateurs de sécurité avant que les dommages ne se produisent.

Menaces contre l'IA : Toutefois, l'IA elle-même n'est pas à l'abri des menaces. Les adversarial attacks, où des attaquants manipulent les entrées pour tromper les algorithmes d'IA, représentent un défi majeur. Par exemple, des modifications subtiles d'images peuvent tromper des systèmes de reconnaissance d'image pour qu'ils identifient incorrectement des objets.

Techniques de Défense : Pour protéger les systèmes d'IA, il est essentiel de développer des techniques de défense robustes. Cela inclut des approches comme l'adversarial training, où les modèles sont formés avec des exemples modifiés pour renforcer leur résilience. De plus, l'intégration de multiples couches de sécurité et la mise en œuvre de protocoles de vérification peuvent aider à atténuer les risques.

10.2 Protection Des Données Personnelles

La protection des données personnelles est devenue un enjeu central à l'ère de l'IA. Les réglementations comme le RGPD en Europe et le CCPA aux États-Unis imposent des exigences strictes pour la collecte, le stockage et l'utilisation des données personnelles, visant à protéger la vie privée des individus.

Conformité Réglementaire : Les entreprises doivent se conformer à ces réglementations en adoptant des pratiques de gestion des données transparentes et sécurisées. Cela inclut la mise en œuvre de politiques de confidentialité rigoureuses, l'obtention du consentement explicite des utilisateurs pour la collecte de leurs données et l'offre de moyens pour que les utilisateurs puissent accéder à leurs informations et les rectifier ou les supprimer.

Mesures de Protection : Pour garantir la sécurité des données personnelles, les entreprises doivent mettre en place des mesures de protection robustes. Cela inclut le chiffrement des données, la mise en œuvre de contrôles d'accès stricts et l'utilisation de technologies de sécurité avancées comme la tokenisation et l'anonymisation des données. Les audits réguliers et les évaluations d'impact sur la protection des données sont également cruciaux pour identifier et atténuer les risques.

10.3 Sécurité Des Systèmes Autonomes

Les systèmes autonomes, tels que les véhicules autonomes et les robots industriels, doivent être conçus pour fonctionner en toute sécurité, même en cas de dysfonctionnement ou d'attaque. La sécurité de ces systèmes est essentielle pour prévenir les accidents et garantir leur fiabilité.

Mécanismes de Redondance : Les systèmes autonomes doivent intégrer des mécanismes de redondance pour assurer une opération continue en cas de défaillance d'un composant. Par exemple, les véhicules autonomes peuvent avoir des systèmes de capteurs multiples et des unités de traitement redondantes pour prendre le relais en cas de panne.

Tests Rigoureux : Des tests rigoureux et des simulations sont nécessaires pour évaluer la sécurité des systèmes autonomes dans divers scénarios. Les tests doivent inclure des situations extrêmes et des attaques potentielles pour garantir que le système peut répondre de manière appropriée.

Mises à Jour Régulières : La sécurité des systèmes autonomes nécessite également des mises à jour régulières des logiciels pour corriger les vulnérabilités et améliorer les performances. Les mises à jour doivent être gérées de manière sécurisée pour prévenir l'introduction de nouvelles failles.

Collaboration et Normes : La collaboration entre les experts en sécurité, les ingénieurs en IA et les régulateurs est cruciale pour développer des normes de sécurité et garantir la fiabilité des systèmes autonomes. Des normes et des certifications spécifiques peuvent aider à établir des benchmarks de sécurité et à rassurer le public sur la fiabilité de ces technologies.

En conclusion, la sécurité et la confidentialité dans le contexte de l'IA nécessitent une approche multifacette, combinant des techniques avancées de détection des menaces, des mesures de protection des données personnelles et des protocoles de sécurité rigoureux pour les systèmes autonomes. La collaboration entre les différents acteurs est essentielle pour développer des solutions robustes et garantir la confiance et la sécurité dans l'utilisation de l'IA.

CHAPITRE 11 : RÉGLEMENTATION ET POLITIQUES PUBLIQUES

11.1 Cadres Réglementaires Internationaux

L'évolution rapide de l'intelligence artificielle (IA) nécessite l'établissement de cadres réglementaires internationaux pour garantir des pratiques éthiques et responsables. Les pays doivent collaborer pour harmoniser leurs réglementations, en vue de promouvoir des normes communes et de prévenir les disparités qui pourraient freiner l'innovation ou entraîner des abus.

Harmonisation des Régulations : Une harmonisation des régulations à l'échelle mondiale est cruciale pour créer un environnement équitable pour les entreprises et protéger les droits des individus. Les gouvernements doivent travailler ensemble pour définir des standards communs, facilitant ainsi la collaboration et le commerce international.

Rôle des Organisations Internationales : Des organisations telles que l'ONU et l'OCDE jouent un rôle clé dans l'élaboration de directives et de principes pour l'IA. Par exemple, l'OCDE a publié des Principes sur l'intelligence artificielle, visant à promouvoir l'IA innovante et fiable, qui respecte les droits humains et les valeurs démocratiques. De même, l'ONU encourage la coopération internationale et le partage des meilleures pratiques en matière de gouvernance de l'IA.

Protéger les Droits Humains : Les cadres réglementaires doivent garantir que l'IA est développée et utilisée d'une manière qui respecte les droits humains. Cela inclut la protection de la vie privée, la non-discrimination, et l'accès équitable aux avantages de l'IA.

11.2 Politiques De Soutien À L'innovation

Pour stimuler l'innovation en matière d'IA, les gouvernements doivent mettre en place des politiques de soutien efficaces, incluant le financement de la recherche, les incitations fiscales et les programmes de formation.

Financement de la Recherche : Les investissements publics dans la recherche fondamentale et appliquée sont essentiels pour faire avancer les technologies de l'IA. Cela peut se faire par le biais de subventions, de bourses de recherche et de partenariats public-privé.

Incitations Fiscales : Les incitations fiscales, telles que les crédits d'impôt pour la recherche et le développement, peuvent encourager les entreprises à investir dans l'innovation en IA. Ces mesures aident à réduire les coûts et à augmenter la compétitivité des entreprises sur le marché mondial.

Programmes de Formation : L'éducation et la formation continue sont cruciales pour préparer une main-d'œuvre qualifiée en IA. Les gouvernements doivent soutenir les initiatives de formation technique et de requalification professionnelle, en collaboration avec les universités et les industries.

Centres d'Excellence en IA : La création de centres d'excellence dédiés à l'IA permet de concentrer les efforts de recherche et de développement, de faciliter le transfert de technologie et de soutenir les startups innovantes. Ces centres peuvent servir de hubs pour la collaboration entre les chercheurs, les entreprises et les gouvernements.

11.3 Équilibre Entre Réglementation Et Innovation

Il est crucial de trouver un équilibre entre la réglementation et l'innovation pour éviter de freiner le développement technologique tout en protégeant les citoyens et la société. Les régulateurs doivent adopter une approche flexible et adaptative, capable de répondre aux évolutions rapides de la technologie tout en garantissant des standards éthiques et sécuritaires.

Flexibilité Réglementaire : Les régulations doivent être suffisamment flexibles pour s'adapter aux avancées technologiques. Cela implique de réévaluer et de mettre à jour régulièrement les réglementations pour refléter les nouvelles réalités et les défis émergents.

Sandboxing Réglementaire : Des approches comme le "sandboxing" réglementaire permettent aux entreprises de tester de nouvelles technologies dans un environnement contrôlé avant d'être soumises à une réglementation plus stricte. Cette méthode encourage l'innovation tout en permettant aux régulateurs de mieux comprendre les implications des nouvelles technologies et d'ajuster les régulations en conséquence.

Dialogue Public-Privé : Un dialogue continu entre les régulateurs, les entreprises et la société civile est essentiel pour identifier les besoins et les préoccupations de chaque partie prenante. Cela facilite la création de régulations équilibrées qui soutiennent l'innovation tout en protégeant les intérêts publics.

Impact Économique et Social : Les régulations doivent prendre en compte l'impact économique et social de l'IA. Cela inclut la protection de l'emploi, la promotion de l'équité et l'assurance que les avantages de l'IA sont partagés de manière équitable à travers la société.

En conclusion, la réglementation et les politiques publiques jouent un rôle fondamental dans le développement et l'utilisation responsables de l'IA. En harmonisant les régulations, en soutenant l'innovation et en trouvant un équilibre entre régulation et innovation, les gouvernements peuvent créer un cadre propice à la croissance technologique tout en protégeant les citoyens et les valeurs sociétales.

CHAPITRE 12 : TENDANCES ÉMERGENTES

12.1 Technologies Et Applications Émergentes

Les technologies et applications émergentes de l'IA ouvrent des perspectives fascinantes et diversifiées, promettant de transformer de nombreux aspects de notre vie. Parmi elles, on trouve l'IA quantique, les interfaces cerveau-ordinateur, et l'intelligence artificielle générale (AGI).

IA Quantique : L'IA quantique combine les principes de l'informatique quantique avec les algorithmes d'intelligence artificielle pour traiter des données à une échelle et une vitesse inégalées. Par exemple, les ordinateurs quantiques pourraient résoudre des problèmes de complexité intractable pour les ordinateurs classiques, tels que l'optimisation de réseaux complexes ou la simulation de molécules pour la découverte de nouveaux médicaments. Bien que cette technologie en soit encore à ses débuts, elle détient le potentiel de révolutionner des industries entières.

Interfaces Cerveau-Ordinateur (BCI) : Les BCI permettent une interaction directe entre le cerveau humain et les machines. Ces interfaces pourraient transformer la manière dont nous contrôlons les appareils, en rendant possible le contrôle par la pensée. Cela pourrait avoir des applications majeures dans le domaine médical, comme aider les personnes paralysées à communiquer ou à contrôler des prothèses robotiques. Dans un futur plus éloigné, les BCI pourraient également ouvrir de nouvelles voies pour l'apprentissage et l'amélioration cognitive.

Intelligence Artificielle Générale (AGI) : L'AGI vise à créer des machines capables de comprendre, d'apprendre et d'appliquer des connaissances de manière similaire aux humains. Contrairement aux IA spécialisées actuelles, une AGI pourrait théoriquement effectuer toute tâche intellectuelle qu'un être humain peut réaliser. La réalisation de l'AGI pose des défis techniques et éthiques importants, mais elle représente un objectif ambitieux qui pourrait redéfinir les limites de l'intelligence artificielle.

12.2 Ia Et Sociétés Futures

L'impact potentiel de l'IA sur la société et la culture est immense. L'IA pourrait transformer nos modes de vie, notre travail et nos interactions sociales de manière profonde.

Villes Intelligentes : L'IA pourrait permettre la création de villes intelligentes, où les infrastructures sont optimisées en temps réel pour répondre aux besoins des citoyens. Les systèmes de gestion de la circulation, les services publics et la gestion des déchets pourraient être améliorés grâce à l'IA, rendant les villes plus efficaces, durables et vivables.

Transformation du Travail : L'IA pourrait redéfinir le travail en automatisant des tâches répétitives et en créant de nouveaux emplois nécessitant des compétences avancées. Cette transformation nécessitera une adaptation des systèmes éducatifs et des politiques de l'emploi pour préparer les travailleurs aux exigences futures.

Interactions Sociales et Culturelles : L'IA

pourrait influencer nos interactions sociales et culturelles en facilitant de nouvelles formes de communication et de collaboration. Cependant, elle pose également des questions sur l'identité, la vie privée et les valeurs humaines. Par exemple, les assistants virtuels dotés d'IA pourraient jouer un rôle croissant dans notre vie quotidienne, mais ils soulèvent des préoccupations en matière de confidentialité et d'autonomie.

Débats Publics et Recherches : Il est crucial de mener des débats publics et des recherches pour comprendre les implications de l'IA et guider son développement de manière éthique. Les discussions doivent inclure une diversité de voix pour assurer que les technologies d'IA bénéficient à l'ensemble de la société et respectent les valeurs fondamentales.

12.3 Préparer L'avenir Avec L'ia

Pour préparer l'avenir avec l'IA, l'éducation et la formation continue sont essentielles. Les individus, les entreprises et les gouvernements doivent investir dans le développement des compétences en IA et promouvoir une culture de l'apprentissage tout au long de la vie.

Éducation et Formation : Les systèmes éducatifs doivent évoluer pour inclure des compétences en IA dès le plus jeune âge. Cela comprend la programmation, l'analyse de données, et une compréhension des principes éthiques de l'IA. Les programmes de formation continue et de requalification professionnelle sont également cruciaux pour aider les travailleurs à s'adapter aux nouvelles technologies.

Collaboration Public-Privé : La collaboration entre les secteurs public et privé est essentielle pour faire avancer l'IA. Les partenariats peuvent favoriser l'innovation, accélérer la recherche et le développement, et assurer une diffusion plus large des bénéfices de l'IA.

Recherche Académique : Les institutions académiques jouent un rôle clé dans l'avancement des connaissances en IA. Le soutien à la recherche fondamentale et appliquée est crucial pour développer de nouvelles technologies et aborder les défis éthiques et sociaux posés par l'IA.

Innovation Responsable : Encourager

l'innovation responsable est vital pour maximiser les bénéfices de l'IA tout en minimisant ses risques. Cela inclut l'adoption de pratiques de développement éthiques, la transparence dans l'utilisation des données et la considération des impacts sociaux et environnementaux des technologies d'IA.

En conclusion, les tendances émergentes en IA offrent des opportunités sans précédent pour transformer nos sociétés et améliorer la qualité de vie. En préparant l'avenir avec des politiques éducatives, des collaborations stratégiques et une innovation responsable, nous pouvons tirer pleinement parti du potentiel de l'IA tout en adressant ses défis éthiques et sociaux.

CONCLUSION

L'intelligence artificielle transforme notre monde de manière profonde et durable. En explorant ses impacts sur la vie quotidienne, les industries et la société, nous avons vu comment l'IA offre des opportunités incroyables tout en posant des défis significatifs.

L'avenir de l'IA dépendra de notre capacité à innover de manière responsable, à réguler de manière équilibrée et à éduquer la société sur ses implications. En travaillant ensemble, nous pouvons garantir que l'IA est utilisée pour le bien commun, améliorant la qualité de vie et créant un avenir plus prometteur pour tous.

Les développements en IA, tels que l'IA quantique, les interfaces cerveau-ordinateur, et l'intelligence artificielle générale, ouvrent des perspectives nouvelles et passionnantes. Ces technologies émergentes promettent de révolutionner divers secteurs, de la santé à l'industrie, en passant par l'agriculture et l'éducation. Cependant, elles soulèvent également des questions éthiques et des préoccupations en matière de sécurité et de confidentialité.

Les implications sociales de l'IA, notamment en termes d'emploi, de vie privée, et d'interactions sociales, nécessitent une attention particulière. Les gouvernements, les entreprises, et les institutions académiques doivent collaborer pour élaborer des politiques et des cadres réglementaires qui soutiennent l'innovation tout en protégeant les droits et les intérêts des individus.

En fin de compte, la réussite de l'intégration de l'IA dans notre société repose sur une éducation adéquate et une formation continue, afin que chacun puisse comprendre et tirer parti des avantages de ces technologies. Les partenariats entre le secteur public et privé, ainsi que le soutien à la recherche, sont essentiels pour garantir que l'IA contribue positivement à l'avenir de l'humanité.

En regardant vers l'avenir, il est clair que l'intelligence artificielle a le potentiel de transformer notre monde de manière bénéfique.

En adoptant une approche éthique et inclusive, nous pouvons maximiser les avantages de l'IA et créer un futur où ces technologies améliorent la qualité de vie de tous, tout en respectant les valeurs fondamentales de notre société.

APPENDICES

Annexe A : Glossaire des Termes Techniques

-Apprentissage Automatique (Machine Learning) : Une méthode de programmation des ordinateurs pour qu'ils puissent apprendre et s'améliorer automatiquement grâce à l'expérience.

-Réseaux de Neurones : Modèles d'apprentissage automatique inspirés du cerveau humain, utilisés pour reconnaître des motifs complexes dans les données.

-Algorithme : Un ensemble d'instructions pour résoudre un problème ou accomplir une tâche.

Annexe B : Ressources et Lectures Complémentaires

- "Superintelligence : Paths, Dangers, Strategies" par Nick Bostrom

- "Life 3.0: Being Human in the Age of Artificial Intelligence" par Max Tegmark

- Sites web : MIT Technology Review, AI Alignment Forum

Annexe C : Études de Cas et Exemples Pratiques

-Étude de Cas : Watson d'IBM dans le Diagnostic Médical : Utilisation de l'IA pour aider les médecins à diagnostiquer et à traiter le cancer.

-Étude de Cas : Google DeepMind et AlphaGo : Comment AlphaGo a battu des champions humains au jeu de Go, démontrant les capacités avancées de l'IA.

Remerciements

Je tiens à remercier les experts, chercheurs, et praticiens de l'IA qui ont contribué à ce livre, ainsi que ma famille et mes amis pour leur soutien inconditionnel.

www.ingramcontent.com/pod-product-compliance
Lightning Source LLC
LaVergne TN
LVHW051711050326
832903LV00032B/4133